I0551356

COLONNE NAPOLÉONE
(Camp de Boulogne.)

Lith. de Thierry frères.

LA

COLONNE NAPOLÉONE

ET

LE CAMP DE BOULOGNE.

Extrait du Spectateur Militaire.

PARIS. — IMPRIMERIE DE BOURGOGNE ET MARTINET,
rue Jacob, 30.

LA

COLONNE NAPOLÉONE

ET

LE CAMP DE BOULOGNE;

PAR

Joachim Ambert.

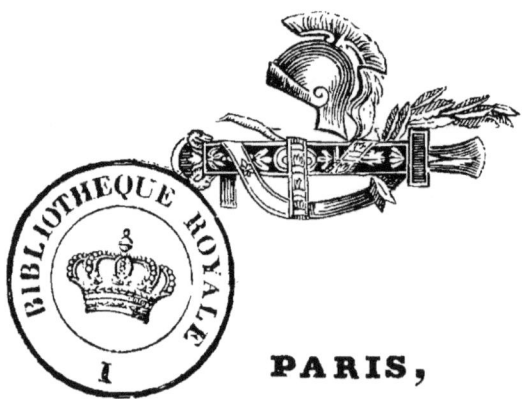

PARIS,

A LA DIRECTION DU SPECTATEUR MILITAIRE,

RUE DE L'UNIVERSITÉ, 23.

—

1839.

LA

COLONNE NAPOLÉONE

ET

LE CAMP DE BOULOGNE,

PAR

JOACHIM AMBERT.

PRÉFACE.

En composant ce livre, qui a pour titre *la Colonne Na-poléone* et *le Camp de Boulogne*, j'ai voulu proclamer la

1

cause principale de cette civilisation dont le siècle est si fier.

Le monument qui s'élève solitaire sur la plage de l'Océan, sera pour nous le phare qui éclairera le tableau de l'empire, dont j'ai esquissé quelques traits.

Le titre du livre, et le livre lui-même, seraient mal compris, si je ne donnais au lecteur une courte analyse de cette œuvre.

Le 1er vendémiaire an xiii, le maréchal Soult fit paraître l'ordre du jour suivant :

« Les troupes du camp de Saint-Omer voulant offrir au monarque dont le génie préside aux destins de la France un témoignage d'amour et d'admiration, ont résolu :

» D'ériger un monument capable de résister aux siècles, qui, s'alliant aux souvenirs de sa gloire et de sa grandeur, atteste à l'univers, ainsi qu'à tous les âges, leur dévouement et leur fidélité au premier empereur des Français ; de retracer à la postérité l'institution des récompenses décernées par le héros à l'honneur et à la bravoure ;

» De consacrer la mémoire des immenses travaux créés par sa pensée, qui ont fait de l'espace occupé par l'armée un rempart formidable et le centre d'une expédition nécessaire au repos du monde ;

» Et enfin de vouer à la vénération des peuples le lieu où l'Empereur Napoléon venait partager les fatigues et les travaux de son armée, la façonner à de nouveaux combats, et préparer le succès de sa vaste entreprise.

» Exprimant le vœu de l'armée, le maréchal commandant en chef arrête le programme suivant :

» Sur un piédestal quadrangulaire, il sera élevé une

colonne de 50 mètres d'élévation, surmontée de la statue colossale de S. M. l'empereur.

» La statue de S. M. sera en bronze, revêtue des ornements impériaux ; elle portera le sceptre et la couronne.

» Les quatre faces du piédestal présenteront : sur la première, l'hommage que l'armée fait de ce monument à Napoléon, premier empereur des Français; le sujet sera allégorique et par inscription.

» Sur la seconde, la cérémonie de la distribution de l'aigle de la Légion-d'Honneur par S. M., au milieu de l'armée, le 28 thermidor an XII.

» Sur la troisième, le plan des trois ports de Boulogne, Wimereux et Ambleteuse, et la flottille en rade.

» La quatrième offrira l'aspect des camps, de la colonne et celui de la tour d'Ordre, poste consacré par le séjour qu'y a fait S. M. l'empereur.

» Les tables des quatre faces du piédestal seront en bronze, et représenteront en relief les sujets exprimés ci-dessus.

» Les ornements du piédestal et du chapiteau offriront dans une proportion exacte les divers bâtiments de la flottille et des trophées d'armes de toute espèce.

» L'entablement du piédestal et le chapiteau seront en marbre blanc statuaire, et la colonne en marbre du Boulonnais.

» Dans l'intérieur du piédestal, il sera pratiqué une chambre d'archives pour y renfermer l'historique de l'expédition, les médailles frappées depuis le gouvernement de S. M. l'empereur, et le contrôle de l'armée.

» Les militaires de l'armée travailleront et concourront seuls à la confection de ce monument; quatre commisssaires seront désignés pour en suivre l'exécution.

» La statue de S. M. l'empereur, ainsi que les reliefs et ornements du piédestal et du chapiteau, seront donnés au concours, aux artistes les plus distingués de l'empire.

» La colonne sera placée entre le quartier-général impérial de la tour d'Ordre et le camp de la première division, à la vue du continent en face du canal et des Iles-Britanniques.

» Il sera fait à Boulogne une fondation à perpétuité pour la conservation de ce monument. »

On comprendra quels sentiments d'orgueil national s'emparent d'une âme militaire à la lecture de cet ordre du jour qui respire la grandeur; on comprendra peut-être aussi les cruelles pensées que fait naître l'aspect de cette colonne inachevée, abandonnée, presque oubliée, et qui était le symbole de l'honneur et de la gloire.

Les archives de la commission administrative ont été déposées à la préfecture d'Arras; mais les registres de correspondance de M. le maréchal duc de Dalmatie contiennent les plus précieux documents sur la colonne Napoléone, sur le camp de Boulogne et sur les événements qui précédèrent et suivirent cette grande époque.

Le maréchal Soult a daigné me confier les manuscrits relatifs aux faits qui se groupent autour de la colonne Napoléone. La correspondance de l'illustre maréchal, ses souvenirs personnels si beaux de simplicité, ses livres d'ordre, les lettres autographes de l'empereur à *son cousin* le maréchal, tous les trésors enfin que peut posséder l'homme qui seul depuis quarante ans joue un rôle si éminent en Europe ; tous ces trésors, je puis le dire, seront étudiés avec amour et conscience. Quelque imparfaite que soit l'œuvre qu'enfantera cette étude, elle sera protégée, j'en ai l'espérance, par les noms illustres que tracera ma plume.

Une rapide analyse du plan de l'ouvrage fera comprendre notre pensée tout entière.

CHAPITRE PREMIER.

Introduction.

Ce chapitre considère la guerre sous le point de vue philosophique : nos guerres furent utiles au développement du principe humanitaire. — Napoléon prépara la moderne civilisation, comme Alexandre-le-Grand avait préparé la civilisation romaine, et César la civilisation chrétienne.

Tout ce qui fait la grandeur et la richesse des nations est venu des armées. La *loi*, expression du droit national, n'a été qu'une conséquence du *droit public*, qui est lui-même le résultat du dernier traité de paix. — Le *commerce* s'est établi par les relations de peuple vainqueur à peuple vaincu. — La *littérature* a pris naissance dans les armées, car tous les chants populaires, première littérature des nations, sont des hymnes de guerre. — L'humanité, qui a servi de base au *droit des gens*, a été proclamée au sein des armées permanentes. En effet, les guerres de soldat à soldat sont pures d'excès, tandis que les guerres de peuple à peuple ont un caractère de vengeance qui flétrit les plus belles causes. Exemples : la Vendée de 1793, l'Espagne de 1839.

— Les peuples ne sont donc devenus quelque chose que par les armées. Leur commerce, leur industrie, leur littérature, leur moralité dans les crises, leur liberté toujours viennent des armées.

— Par leur caractère de permanence et de neutralité politique, les armées modernes sont indispensables dans les États européens tels qu'ils sont constitués. Après la chute de la noblesse et du clergé, il fallait une corporation robuste pour conserver les traditions hiérarchiques au milieu d'une société où les arrêts de la veille sont soumis aux délibérations du lendemain.

— En présence du fabuleux développement de l'industrie et des richesses, les sociétés du XIXᵉ siècle devaient vivre dans la crainte; mais les armées permanentes ont été la digue protectrice derrière laquelle le travailleur a pu ensemencer le champ de l'avenir.

CHAPITRE II.

Avant le camp de Boulogne.

Situation de l'Europe lorsque fut formé le camp de Boulogne. — Limites territoriales des divers États. — Forces militaires des puissances intéressées dans la lutte. — Dans ce chapitre, l'auteur jette un coup d'œil sur l'état de la force publique en France au moment de la révolution. Il passe rapidement en revue les progrès que firent les institutions militaires pendant les guerres de la République, il dit enfin ce qu'était l'armée française à la formation du camp de Boulogne.

CHAPITRE III.

Camp de Boulogne.

Formation du camp. — Pensée de Napoléon en réunissant les troupes des diverses armées. — Généraux,

— Soldats. — Travaux dirigés par le maréchal Soult. — Progrès qui en furent la suite. — Le camp de Boulogne a été l'école militaire de l'Empire. — C'est à l'établissement du camp et à l'impulsion vigoureuse du maréchal Soult qu'il faut faire remonter l'origine de l'esprit de corps et de la discipline qui nous firent si grands dans les succès, si forts dans les revers. — Carnot, au nom de l'enthousiasme, décréta la victoire; Soult, au moyen de l'instruction et de l'esprit militaire, rendit les défaites impossibles. — La victoire n'abandonna les aigles de l'Empire que lorsque les traditions viriles du camp de Boulogne se perdirent par un recrutement sans cesse renouvelé.

CHAPITRE IV.

L'armée de mer.

Le camp de Boulogne était un camp à la façon des anciens, les armées et les flottes unissaient leurs efforts. — Préparatifs de débarquement.

CHAPITRE V.

Colonne Napoléone.

Une colonne fut élevée par l'armée sur la plage de Boulogne. — Son nom fut : la *Colonne Napoléone.* — Historique de la colonne. — Ce monument était l'inauguration de l'empire. — La statue de l'empereur s'élevait au sommet du monument, tandis que l'image du maréchal Soult faisait saillie au piédestal. — Anecdotes relatives au bronze du bas-relief et au buste du maréchal Soult. — Rapport entre la colonne Napoléone et la colonne de la grande armée, élevée sur la place Vendôme.

BIBLIOTHÈQUE ... ROYALE 1

sinistre de la France épuisée contre l'Europe, la patrie mit au Nord l'Empereur, au Midi le maréchal Soult, et derrière eux, forma le bataillon carré.

CHAPITRE XI.

L'abbaye de Westminster.

Avant de mourir à Sainte-Hélène, l'Empereur tourna vers l'Angleterre un long regard, et dit :

« L'Angleterre et la France ont tenu dans leurs mains le sort de la terre, celui surtout de la civilisation européenne ; que de mal nous nous sommes fait, que de bien nous pouvions faire !

» Sous l'école de Pitt (1) nous avons désolé le monde, et pour quel résultat ? Vous avez imposé quinze cents millions à la France, et les avez fait lever par des Cosaques ; moi je vous ai imposé sept milliards et les ai fait lever de vos propres mains par votre parlement ; et aujourd'hui même, après la victoire, est-il bien certain que vous ne succomberez pas sous une telle charge ?

» Avec l'école de Fox nous nous serions entendus ; nous eussions accompli, maintenu l'émancipation des peuples, le règne des principes. Il n'y eût eu en Europe qu'une seule flotte, une seule armée ; nous aurions gouverné le monde, nous aurions fixé chez tous le repos et la prospérité, ou par la force, ou par la persuasion.

» Oui, encore une fois, que de mal nous avons fait, que de bien nous pouvions faire ! »

(*Mémorial de Sainte-Hélène.*)

.... Au rebours de Castlereagh, le

(1) Pitt personnifie le parti tory, c'est-à-dire l'oligarchie ; Fox personnifie le parti whig, c'est-à-dire le parti libéral.

ministère qui suivra n'a qu'à se mettre à la tête des
idées libérales, au lieu de se liguer avec le pouvoir
absolu, et il recueillera les bénédictions universelles,
et tous les torts de l'Angleterre seront oubliés.»

(Mémorial de Sainte-Hélène.)

« Ce n'est pas le peuple anglais, c'est l'oligarchie an-
glaise qui me faisait la guerre. »

(Correspondance inédite.)

« La mort de Fox est une des fatalités de ma carrière ; s'il eût continué de vivre les affaires eussent pris
une tout autre tournure ; la cause des peuples l'eût
emporté, et nous eussions fixé un nouvel ordre de
choses en Europe.»

(Mémorial de Sainte-Hélène.)

« . . . . . . Avec de tels gens (les whigs) je me
serais toujours entendu ; nous eussions bientôt été
d'accord. Non seulement nous aurions eu la paix avec
une nation foncièrement très estimable, mais encore
nous aurions fait ensemble de très bonne besogne. »

(Mémorial de Sainte-Hélène.)

« . . . . . . Aussi quelques mois ne se seraient
pas écoulés que ces deux nations, si violemment en-
nemies, n'eussent plus composé que deux peuples iden-
tifiés désormais par leurs principes, leurs maximes,
leurs intérêts, etc. »

(Mémorial de Sainte-Hélène.)

La voix de Napoléon mourant fut pour le peuple anglais le signal du réveil.

Un sentiment que nul ne saurait analyser, mélange
de regrets, d'admiration et de remords, s'empara sou-

dain de la Grande-Bretagne. La nation tout entière jeta sur l'horizon des mers un long et triste regard, comme si le rocher de Sainte-Hélène pouvait comprendre l'expiation des hommes.

Napoléon et Fox n'étaient plus , et peut-être les sympathies réelles de l'Angleterre allaient-elles rester un mystère pour la postérité. Cependant le guerrier du camp de Boulogne, d'Austerlitz et des Pyrénées parut sur les côtes de l'Angleterre. Un long cri d'enthousiasme s'éleva , et l'écho des mers dut le répéter aux mornes solitudes de Sainte-Hélène. L'ombre du héros tressaillit au triomphe de son vieux compagnon, et la Colonne Napoléone, assise au camp de Boulogne, fut le muet témoin du spectacle sublime de l'entrée du maréchal Soult dans l'abbaye de Westminster.

Conclusion.

La *Colonne Napoléone*, monument national, mérite la protection du gouvernement , car de grandes et nobles pensées se rattachent à ce marbre que sanctifièrent les plus illustres enfants de la France.

INTRODUCTION.

I.

COLONNES MILLIAIRES.

Les Romains plaçaient des colonnes milliaires de mille en mille pas sur les routes que suivaient leurs armées. Profondément scellées en terre, les colonnes du soldat romain dessinaient pour la postérité cet immense réseau que parcoururent les légions du Peuple-Roi.

Dans les beaux jours de Rome, la première colonne était au Champ-de-Mars. Plus tard Auguste fit élever une colonne de marbre au milieu du Forum. Ce monument, à la tête symbolique, devint le centre des rayons innombrables sur lesquels planait l'aigle romaine.

Appuyé à la base de la grande colonne, le soldat mesurait de l'œil l'univers tout entier.

La colonne d'Auguste n'est plus. Le voyageur qui contemple ses débris au Capitole (1), peut voir encore les inscriptions que gravèrent tour à tour Vespasien, Trajan et Adrien sur le marbre des armées romaines.

Que de souvenirs dans cette colonne renversée! Il y a là tout le passé d'un peuple belliqueux et civilisateur.

Le Romain, lorsqu'il adressait un regard d'adieu à la colonne du Forum, partait pour donner aux peuples du Nord la civilisation des peuples du Midi.

Depuis l'origine des temps, cette civilisation est en marche de l'Orient vers l'Occident; et toujours, toujours la pensée du progrès humanitaire a suivi la trace des armées.

Les colonnes qu'élèvent les guerriers sont de nouveaux points de départ pour la civilisation arrêtée

(1) Cette colonne d'Auguste se voit aujourd'hui sur la balustrade du perron du Capitole, à Rome. Elle est de forte proportion, en manière de cylindre court, avec la base, le chapiteau toscan, et une boule de bronze pour amortissement, symbole du globe. On l'appelait *milliarium aureum*, parce qu'Auguste en avait fait dorer le sommet.

quelques jours, quelques ans tout au plus par la ré-
sistance des passions.

Si pour un instant, avec le secours de sa puissante
imagination, un homme se suppose transporté dans la
région des nuages; si son œil peut, sans être ébloui,
embrasser l'immensité de la sphère terrestre, il verra
de longues lignes brillantes se suivre, se croiser et se
rompre sur la surface du monde. Étincelantes dans la
Grèce antique et dans l'Italie républicaine, ces traces
éteintes aux rives du Nil jetteront de vives clartés dans
les forêts séculaires des Gaules et de la Germanie.

Ces lignes ne sont point les limites naturelles ou les
limites politiques des divers États ; elles n'indiquent ni
la part du maître ni la part de l'esclave ; elles ne rappellent point les sillons mystérieux que laissèrent en
passant les dieux et les prophètes; mais ces lignes sont
l'empreinte éternelle gravée sur le globe par la marche des armées. En s'éloignant de ces traces la lumière
s'affaiblit, car la route des armées fut la seule route de
la civilisation.

Chose étrange et trop peu connue, ce réseau que
forment les étapes militaires indiqua aux générations les points où elles devaient camper. Les villes
s'élevèrent pour l'homme, les palais pour le monarque, les temples pour la divinité, aux champs où le
soldat voyageur avait pour un seul jour planté la tente
du chef, qui s'appela tour à tour *dux*, *imperator*, *capitaine*, *général*, *roi*.

Nous n'ignorons pas que les grandes migrations
des peuples d'autrefois ne sont pas, aux yeux de la
science moderne, de véritables armées; cependant il
faut bien reconnaître que l'*armée* fut toujours la frac-
tion allant au combat.

Nos armées actuelles, nation dans la nation, sont nées d'hier. Les constitutions modernes créeront demain des armées conservatrices, différentes de celles qui furent jusqu'à nos jours, car les formes sociales donnent leur empreinte aux institutions malgré les hommes eux-mêmes.

On comprendra donc le sens que nous attachons au mot *armée*. Toute définition serait superflue après la lecture de ce qui précède.

Partie de l'Asie, la civilisation s'est avancée vers l'Europe méridionale en passant par l'Égypte. Des armées sans nom, des phalanges, des cohortes, des légions, des bataillons enfin, ont lutté pendant des siècles pour ouvrir un passage à l'esprit humain.

L'Italie fut long-temps une terre prédestinée. L'histoire dira toutes les magnificences de cette période que Rome remplit de son nom. On put croire que la civilisation voulait mourir enivrée dans les fêtes du cirque, dans les triomphes du Forum.

Mais le soldat romain saisit un jour son bouclier, et quitta les tièdes parfums de l'Étrurie pour les échos sauvages des forêts de l'Aquitaine.

Le soldat vint planter ses colonnes milliaires aux lieux où sont aujourd'hui nos opulentes cités.

Parmi les lignes que traçait le légionnaire, l'une surtout faisait l'orgueil du peuple et de l'armée; partant du Forum elle venait à Milan; de Milan elle allait à Boulogne-sur Mer, *Gesoriacum navale.* Cette belle voie était connue par les barbares eux-mêmes sous le nom d'itinéraire d'Antonin (1).

(1) M. Champollion-Figeac a fait de savantes recherches sur les co-

Boulogne se liait à Rome par une suite de colonnes qu'élevaient les soldats. Mais Boulogne était un de ces points destinés par la nature elle-même à servir de halte momentanée au guerrier civilisateur.

Arrêtés dans leur marche par cette nappe magnifique qui est l'Océan, les soldats romains taillèrent sur la plage, et pour ainsi dire au milieu des vagues, cette colonne dernier anneau de la chaîne que le géant maître du monde avait scellée au Capitole.

Après avoir jeté un long regard vers l'horizon mystérieux de l'Atlantique, peut-être quelque guerrier de l'Italie a-t-il légué aux futurs guerriers de la Gaule la mission civilisatrice que ne pouvait accomplir un seul peuple. Peut-être encore une volonté supérieure à celle des hommes a-t-elle voulu que le point d'arrêt de la civilisation romaine fût le point de départ de la moderne civilisation.

S'il en était ainsi, la *Colonne Napoléone* serait la limite du vieux monde et du monde nouveau. Un guerrier venu au XIXe siècle de la Gaule-Narbonnaise (1) aurait repris l'œuvre laissée depuis César par un guerrier de l'antique Latium. Le maréchal Soult aurait donné le signal du départ à la nouvelle croisade humanitaire : il aurait, à travers les siècles, recueilli le mot d'ordre des légions romaines, ordre mystérieux, parti jadis de la Grèce et de l'Égypte.

Autrefois, si belle et si grande, la Grèce est aujourd'hui gisante sur les ruines du Parthénon : les barba-

---

lonnes milliaires des armées romaines. Il a mentionné la ligne de Milan à Boulogne.

(1) Le maréchal Soult est né dans cette partie des Gaules qui, d'après César, produisait les meilleurs hommes de guerre.

res ont mis Rome en lambeaux, et la colonne milliaire a fait un pas immense vers le nord de l'Europe.

Les doux accents de la philosophie attique, les chaudes et ardentes paroles de la tribune romaine eussent été impuissants pour mener à fin l'œuvre de la civilisation. Aux peuples de l'Allemagne, de la Pologne et de la Russie, il fallait des sensations plus énergiques qu'aux enfants voluptueux de Tyr, de Palmyre, d'Athènes ou de Capoue. Il fallait un missionnaire impérieux pour porter la civilisation aux peuples presque barbares du septentrion. Ce missionnaire fut le guerrier.

Les moralistes, les philosophes et les publicistes ne feront-ils jamais l'histoire de la civilisation? Ce serait un monument digne des siècles et pour lequel le soldat serait utile.

Trois noms guerriers dominent la marche des sociétés.

Alexandre, César et Napoléon remplirent ici-bas une mission surhumaine, et les trois noms se confondront dans la reconnaissance des peuples à venir.

Alexandre travaillait au développement du principe moral, en créant cet empire qui plongeait sa tête colossale dans les flots du Tanaïs, étendait ses longs bras de la mer intérieure aux Indes fabuleuses, et se perdait au sud dans les déserts de l'Arabie.

Pauvres soldats de Macédoine, que de fatigues n'eûtes-vous pas à supporter dans cette rude entreprise dont le but était le bonheur du genre humain! Instruments aveugles d'une sublime pensée, vous franchissiez l'Hellespont, ce Rhin des peuples d'autrefois, —

vous preniez Thèbes comme nos grenadiers prirent Ulm, — enfin sur les bords du Granique vous enleviez l'Asie-Mineure en une seule bataille. — C'était votre Austerlitz !

La civilisation romaine se trouvait admirablement préparée à la suite des luttes d'Alexandre-le-Grand.

César parut.

Sa mission était d'abaisser les obstacles qui s'opposaient à la venue du christianisme, ce protecteur des humbles et des faibles.

Les soldats romains furent les laborieux ouvriers du champ que féconda la religion du Christ. De l'Atlantique à Babylone, de Memphis aux îles Scandinaves, les colonnes milliaires des légions tracèrent le réseau où devaient s'éteindre les instincts de la barbarie.

Alexandre et César n'étaient pas d'avides conquérants, insensés dans leurs projets. Les historiens qui étudient seulement les faits isolés ne comprennent jamais la mission que tout homme de génie remplit ici bas. Conquérant ou législateur, philosophe ou monarque, l'homme accomplit sa tâche et disparaît. Dieu le voulait ainsi. C'est à nous, spectateurs presque aveugles du drame de l'univers, à réunir en faisceau nos faibles lumières, à prêter une oreille attentive aux harmonies lointaines, à étudier enfin ce grand livre de la nature, dont une seule page est ouverte sous nos yeux.

A côté du glaive d'Alexandre et de César, je vois la loi, l'éloquence, la philosophie. Si le glaive est là, c'est que le fer laisse une empreinte éternelle sur le sol des nations.

Par le glaive, et seulement par le glaive, le roi de Macédoine pouvait fonder Alexandrie et réveiller de

2

leur sommeil les peuplades de l'Asie. Par le glaive, et seulement par le glaive, César pouvait initier les Gaulois aux arts de l'Italie. Alexandre et César furent, dans le domaine intellectuel, placés à une telle hauteur, que pour la foule des hommes ils restent incompris, même lorsque cette foule s'appelle la postérité.

Après avoir tracé les noms d'Alexandre et de César, pouvons-nous ne pas écrire le nom de Napoléon ?

Il planta sa tente sur la place publique, disent ses ennemis : oui, — mais la place publique alors était un sol crevassé, un sol rebelle qu'arrosait le sang français. Il aplanit ce sol, et, monarque architecte, éleva le monument qui fut l'*Empire*.

Guerriers taillés à l'antique, la plupart des capitaines de Napoléon pouvaient être comparés à une lame de sabre de l'acier le plus pur, forte et droite.

On a souvent prononcé le mot d'ambition en parlant des généraux de l'Empire, et surtout de Napoléon.

L'Empereur à Sainte-Hélène avouait son ambition, qui était celle de ses compagnons de travaux :

« J'ai refermé le gouffre anarchique et débrouillé le chaos. J'ai désouillé la révolution, ennobli les peuples et raffermi les rois. J'ai excité toutes les émulations, récompensé tous les mérites et reculé les limites de la gloire ! Tout cela est bien quelque chose. Et puis sur quoi pourrait-on m'attaquer ? Serait-ce sur mes intentions ? mon despotisme ? Mais l'historien démontrera que la dictature était de toute nécessité. Dira-t-on que j'ai gêné la liberté ? mais il prouvera que la licence, l'anarchie, les grands désordres étaient encore au seuil de la porte. M'accusera-t-on d'avoir trop aimé la guerre ? mais l'historien démontrera que j'ai toujours été attaqué. D'avoir voulu la monarchie universelle ? mais il fera voir qu'elle ne fut que

l'œuvre fortuite des circonstances; que ce furent mes ennemis eux-mêmes qui m'y conduisirent pas à pas. Enfin
sera ce mon ambition? Ah! sans doute il m'en trouvera, et beaucoup, mais de la plus haute qui fut peut-être
jamais! celle d'établir, de consacrer enfin l'empire de la
raison, et le plein exercice, l'entière jouissance de
toutes les facultés humaines! Et ici l'historien peut-être
se trouvera réduit à devoir regretter qu'une telle ambition n'ait pas été accomplie, satisfaite!... »

Dans cette page admirable, où Napoléon résume
l'Empire, les mots *conquêtes* et *batailles* ne sont pas
même tracés.

Eh bien! chacun des généraux d'élite de Napoléon
pourrait écrire quelque chose complétement en rapport avec cette page.

On n'a pas craint de dire encore que l'Empire avait
transformé tout citoyen en soldat : comment l'histoire
admettrait-elle de semblables accusations en présence
de nos fidèles souvenirs?

Étaient-ils soldats les Berthollet, les Monge, les Vol-
ney, les Chaptal, les Fourcroy, les Fontanes, les Ca-
banis, les Andrieux, les Colin d'Harleville, les Arnault,
les Ducis, les Chateaubriand, les Delisle, les Biot, les
Arago, les Delambre, les Jussieu, les Lacépède, les
Vauquelin, les Corvisart, les Bichat, les Chaussier, les
David, les Girodet, les Vernet, les Isabey, les Boïel-
dieu, les Grétry, les Talma, les Elleviou, et mille autres
dont les noms sont immortels par la science et la vertu?
Jamais, même au siècle de Louis XIV, un tel concours
d'hommes puissants n'apporta dans les cités pacifiques
le tribut de l'étude et du génie.

Non, l'Empire ne transforma point en homme de

guerre le citoyen plus utile au conseil ou dans le cabinet qu'à la bataille.

Mais toute la jeunesse, dira-t-on, recevait une direction vers la carrière des armes, et les mœurs militaires étaient seules en honneur.

Avons-nous oublié que les législateurs de l'antiquité entouraient d'une sollicitude paternelle les choses de l'armée? C'est un fait dont il n'est pas superflu de rechercher la cause.

De tout temps, le soldat fut un travailleur infatigable. Sans cesse en face de ses devoirs, il s'habitue à l'ordre et à la justice. Sa vie est pénible, sévère et laborieuse, c'est pour cela que le soldat devient probe, humain, désintéressé. Les passions glissent légères sur les natures qu'endurcissent les douleurs physiques et morales du soldat. Enfant du peuple, toujours aux confins de la vie et de la mort, le soldat, par son existence militaire, est préparé aux vertus de l'existence civile.

Les nations anciennes recevaient leur grandeur des habitudes régulières que donnent le travail, la discipline, l'abnégation et l'amour de la patrie.

L'Empereur voulait ainsi faire grande la nation française. Il commençait par l'armée, produit des masses populaires, élite de la société laborieuse.

Ce sont là des vérités mal appréciées par notre génération, qui, dans tout soldat, ne voit qu'un instrument improductif; dans tout général, un agent aveugle de guerres et de conquêtes.

Oh! non, le problème que se proposait l'Empire n'avait point pour but l'anéantissement des peuples! S'il n'avait été que guerrier dévastateur, pourquoi Napoléon se serait-il courbé sur les livres afin d'y trouver

la sagesse? Pourquoi aurait-il réuni autour de sa personne les plus profonds législateurs, et les plus habiles
de tous, dans les sciences humaines? Pourquoi aurait-
il travaillé la nuit dans la solitude de son palais, comme
travaillent les fils du pauvre qui vivent de leurs rudes
labeurs? Pourquoi aurait-il rétabli le culte religieux
et les cultes moraux? Enfin, pourquoi Napoléon aurait-il organisé la monarchie nationale, s'il eût voulu
sans cesse bivouaquer sur le sol de l'étranger?

Le problème que voulait résoudre l'Empire était le
problème humanitaire, que poursuit l'instinct des
hommes depuis que les sociétés sont constituées. Napoléon dirigea donc toutes les forces vers l'utile : il y
eut un luxe imposant de collèges, d'écoles spéciales,
de corporations scientifiques, religieuses, militaires;
prenant l'homme au berceau, il lui indiqua la seule
route vraiment belle et morale, la route du travail.
Les habitudes régulières des sociétés antiques envahi-
rent la France. Ces habitudes austères furent prises
par les inhabiles pour des coutumes de guerriers. A
la constitution militaire, la constitution civile n'em-
prunta cependant que son rigide caractère hiérarchi-
que, son dévouement à la chose publique, ses travaux
et ses sacrifices.

Napoléon avait puisé dans les méditations de sa
grave jeunesse et dans les enseignements de ses pre-
miers débuts, un principe qu'il n'oublia pas en créant
l'Empire. Ce principe est que toute société doit s'ap-
proprier les talents réels, les grands travaux et les
hommes qui renferment en eux des germes de créa-
tion. Celui qui de simple lieutenant était parvenu
à l'Empire, avait trop de génie pour associer à son œuvre d'avenir les appétits matériels du présent, la vanité

ou l'impuissance. Il était trop grand pour ne pas aimer la grandeur sous quelque forme qu'elle se présentât. Aussi faut-il accorder des talents spéciaux et des vertus positives aux hommes que Napoléon appela à partager son travail.

On commettrait une grande méprise si l'on pensait que nous voulons ici glorifier l'Empire considéré sous le point de vue gouvernemental. Telle n'est point notre intention. Renfermées dans le cercle militaire, nos études seront, dans ce livre, étrangères à la politique.

Mais nous ne saurions lutter avec trop de persévérance contre le préjugé que partagent quelques bons esprits, et qui consiste à représenter les princes guerriers comme les ennemis des progrès sociaux.

La liberté romaine et le bonheur de l'Italie ne furent jamais mieux assurés que lorsque Germanicus, Trajan, Marc-Aurèle ou Julien dirigeaient les affaires publiques. Ces princes, on le sait, étaient de tous les héritiers de César les seuls hommes de guerre, les seuls adorés des armées.

Notre histoire moderne présente les mêmes phénomènes. La France ne fut grande, heureuse et riche que lorsqu'elle se montra au monde la main sur la garde de son épée. Si dans la vie du peuple français quelques journées sont moins honorables que les autres, c'est qu'alors le glaive national s'enrouillait au fourreau.

Un grand écrivain a dit (1) : « Je pose comme une vérité générale du cœur humain et de tout le corps de l'histoire, qu'une des plus sûres garanties contre la tyrannie est une grande gloire militaire, attachée au

(1) Garat, éloge de Kléber et de Desaix.

nom de celui, qui, dans un pays libre, est revêtu de la première magistrature. »

Si les armées grecques et les armées romaines travaillèrent pour la civilisation, les armées françaises ne furent pas moins fidèles à leur mission humanitaire. Chaque bataille des soldats cache une institution politique, une organisation sociale de l'Empereur.

Les colonnes milliaires des armées françaises sillonnent le monde entier, et le voyageur ému s'arrête aux bords du Nil et de l'Ohio, aux glaciers du Nord et aux sables arides du Sud, pour saluer l'empreinte qu'ont laissée les pieds de nos soldats.

Rappellerons-nous Charlemagne et ses compagnons initiant, le glaive en main, les peuples vaincus aux lois libérales du vainqueur? Rappellerons-nous Philippe-Auguste, saint Louis et les Croisés allant combattre en Terre-Sainte au nom des opprimés? Rappellerons-nous qu'avant de s'écrouler la vieille monarchie illumina le monde d'un éclair de gloire? Le Sénégal, Saint-Eustache, Saint-Christophe, Demerari, Minorque, Saint-Philippe et Surinam tombèrent entre nos mains. Cornwalis capitula, tandis que Washington proclamait que l'épée française avait bien mérité du genre humain. Tout cela est notre histoire de France, histoire de combats, de luttes, de dévouement, de grandeur militaire.

Avec les campagnes de la révolution commence une ère nouvelle. La colonne milliaire qui marque le passage du guerrier s'élève comme par miracle sur le sol tremblant de l'Europe.

Et d'abord nos volontaires placent la première co-

Jonne à Valmy. De Valmy, avant d'arriver à Boulogne, nos colonnes se multiplient à Jemmapes, en Savoie, en Hollande, à Mayence, à Toulon, en Espagne, en Italie, partout enfin où se montre l'ennemi.

La France ne saurait oublier qu'au nom de la patrie, des hommes grands comme César, inspirés comme Condé, studieux comme Frédéric, prudents comme Annibal et vertueux comme Turenne, surgirent tout-à-coup du sein de la foule. Nos immortelles armées produisirent en quelques mois plus de héros véritables que n'en avaient créé pour la postérité les quatorze siècles qui commencent à Pharamond pour arriver à Louis XIV.

Croit-on qu'une pensée civilisatrice ne présidait pas aux scènes sublimes de Millésimo, de Lodi, d'Arcole, d'Alexandrie, de Thèbes, de Zurich ? Croit-on que la liberté légale, que nous sommes heureux et fiers de posséder, ne tient point par des liens mystérieux aux efforts matériels de nos soldats de la République et de l'Empire?

A mesure que les générations s'éloigneront de cette époque, elle apparaîtra aux yeux de tous sous son aspect véritable. L'Empire en effet est semblable aux pyramides égyptiennes, qui offrent un ensemble si colossal que l'œil en est ébloui. C'est de l'horizon lointain seulement que l'homme peut mesurer l'immensité.

Eh bien ! lorsque les historiens futurs jetteront un regard sur l'Empire, la *Colonne Napoléone*, œuvre de la grande armée, frappera leurs regards. Le vulgaire ne verra dans cette colonne que le monument matériel; mais le moraliste donnera une âme à ce marbre éloquent qui parle de la grandeur nationale.

Semblable au géographe qui encadre la carte d'un pays dans le réseau des frontières voisines, nous avons placé l'image de la *Colonne Napoléone* au centre des objets divers qui lui donnent vie et couleur. L'isolement d'une figure ne lui ôte rien de sa beauté et de sa vérité; mais le spectateur se surprend quelquefois à chercher des yeux le foyer de certaines lumières et la cause de certains effets. Ainsi, pour embrasser dans son ensemble l'épisode auquel se rattache la *Colonne Napoléone*, nous interrogerons la situation des armées avant le camp de Boulogne ; nous rappellerons les travaux des corps réunis sur les côtes de l'Océan ; nous dessinerons les profils des grandes têtes dont s'entourait Napoléon; enfin, nous suivrons la grande armée dans les plaines d'Austerlitz.

Et lorsque nous aurons fait admirer cette majestueuse colonne élevée sur les rivages qui menaçaient l'Angleterre, on nous demandera quel fut l'architecte de ce monument napoléonien. Alors nous montrerons le bas-relief, interprète fidèle des pensées d'une armée ensevelie dans ses drapeaux.

L'Empereur est assis sur un trône antique. Ce trône est protégé par un homme de guerre qui étend son bouclier sur la tête de Napoléon. Symbolique couronne qui peint plus éloquemment que les paroles humaines la pensée qui présidait à l'érection de la nouvelle société. Entouré d'allégoriques images, qui sont la force et la justice, un maréchal, chef d'armée, est auprès de l'Empereur le représentant, ou mieux encore la personnification de la première armée du monde.

Entre la *Colonne Napoléone* et le maréchal Soult il y a donc un lien mystérieux que nulle puissance ne saurait détruire. Les calamités publiques ont pu mettre obstacle à la réalisation d'un projet tout national ; des tentatives sacriléges ont pu affaiblir les généreuses passions qui donnaient vie à la *Colonne Napoléone*, mais la France n'est pas infidèle à ses nobles souvenirs, et le vote de l'assemblée législative est un témoignage irrécusable de la sympathie que le pays accorde aux guerriers du camp de Boulogne. La génération qui a relevé la statue de Napoléon sur la colonne de la place Vendôme, et qui a glorieusement terminé l'arc de triomphe de l'Étoile, ne saurait abandonner celui de nos monuments militaires et nationaux qui fut le point de départ de tous les autres.

Il faut considérer la *Colonne Napoléone* sous le point de vue moral, et suivre religieusement la pensée des fondateurs. Ce serait une faute de croire que le ministère des travaux publics peut seul mener à fin l'œuvre de nos armées.

C'est dans le but d'appeler l'attention publique sur des grandeurs trop ignorées, que nous mettons en ordre des matériaux inédits pour la plupart. Notre travail, quelque faible qu'il soit, ne sera pas inutile aux écrivains qui viendront après nous.

Lorsque la France entoure d'une sorte de vénération les monuments les plus obscurs du moyen-âge, nous ne craignons pas d'appeler l'attention publique sur la colonne inachevée de nos soldats. Il est digne de notre époque réparatrice d'accomplir les promesses du passé : il est digne des enfants d'être fidèles aux volontés des pères.

Chez tous les peuples et dans tous les siècles, la colonne fut destinée à perpétuer le souvenir des grandes choses. Jules César, Marius, Claude II, avaient leurs colonnes. L'Égypte, déjà dépouillée par la conquête,

donnait à Trajan la colonne d'Antonin-le-Pieux (1).
Constantin et Théodose conservaient naguère deux colonnes à Constantinople. La colonne d'Alexandrie, la
colonne Trajane, celle de Marc-Aurèle et plusieurs
autres encore, sont un témoignage du culte qu'avaient
les peuples anciens pour les monuments.

Ce culte ne s'est pas éteint chez les peuples modernes. Le parlement d'Angleterre a fait ériger une colonne en mémoire des succès du duc de Marlborough;
elle est surmontée de sa statue et supportée par des
prisonniers. On voit à Varsovie une colonne élevée en
l'honneur du roi Sigismond II. Pour perpétuer le souvenir des victoires navales remportées sur les Turcs,
Catherine II a élevé une colonne rostrale. Saint-Pé-
tersbourg a sa colonne d'Alexandre, et Paris celle de la
grande armée.

Chacune de ces colonnes est un symbole. A leur
aspect, de grandes et nobles pensées se réveillent
soudain.

Que l'armée ait aussi sa colonne, et qu'avant de
descendre au tombeau, les soldats de Boulogne et
d'Austerlitz saluent le bronze de Napoléon debout sur
la frontière de France.

II.

ARMÉES.

Les temps fabuleux aussi bien que les temps historiques admettent que la civilisation se répand avec le
secours des armées.

(1) On en voit encore les restes près du mont Citorio à Rome.

A l'époque du siége de Troie où toutes les forces de la Grèce furent réunies, nous voyons Agamemnon, Achille, Patrocle, Ulysse, Hector, Priam, s'égarer sur les mers, et jetés avec les débris de leurs flottes sur de nouvelles plages. Là, les guerriers, chefs et soldats, étendent les relations entre les hommes et répandent les lumières. Énée aborde en Italie et fonde Lavinium, tandis qu'Ulysse élève Olysippo, la moderne Lisbonne des Portugais. Les Héraclides ou descendants d'Hercule organisent les royaumes du Péloponnèse, disent les poëtes de l'antiquité. Or, le demi-dieu et ses robustes descendants ne sont-ils pas un hommage allégorique rendu aux armées par l'imagination des peuples primitifs. Cyrus devient maître de l'Asie, affranchit les juifs de la captivité, et leur permet de retourner à Jérusalem pour rebâtir le temple. Grand et sublime tableau, qui montre le soldat se plaçant comme intermédiaire entre la divinité toute-puissante et l'homme proscrit et malheureux.

Et puis, c'est Darius faisant invasion sur la Grèce ; c'est Marathon, ce sont les Thermopyles et les longues luttes des Perses et des Grecs. — Chocs violents de peuple contre peuple, qui faisaient jaillir la lumière.

La guerre préparait le règne des arts, des lettres et des sciences. Des soldats presque barbares aplanissaient la route que devaient parcourir les Périclès, les Aristide, les Sophocle, les Pindare, les Socrate, les Démosthène et les Platon.

Suivez la marche des connaissances humaines, vous les verrez toujours sur la trace des armées. Quelle fut en effet la civilisation grecque ? Renfermée dans le sanctuaire des prêtres égyptiens, la science se répandit dans la Phénicie, l'Asie-Mineure, la Thrace et la

Grèce à la suite des guerres sanglantes. Lycurgue, Solon, Thalès, apprirent du soldat le secret des voyages.

La philanthropie moderne n'admettra point sans doute que le sang humain féconde le sillon de l'avenir; mais, si ce n'était la crainte de nous laisser aller à une trop longue digression, nous rappellerions aux amis de la paix et du repos les faits religieux et historiques dans lesquels la mort, le sang et les victimes jouent sans cesse un rôle. Les grandes religions, les grands empires, les larges mouvements humanitaires sont entourés d'une sorte de mystérieuse cruauté qui porte dans l'âme le doute et la terreur. Avant le bonheur, la liberté ou le repos, c'est toujours le sang et la mort. Il semble que l'homme, à l'exemple des augures anciens, doive chercher le mot de l'avenir dans les entrailles fumantes des victimes. Christ meurt sur la croix, Mahomet périt par le poison, Lycurgue se suicide, César est assassiné, et Napoléon expire sur le rocher de Sainte-Hélène.

Ne semble-t-il pas que la nature en jetant dans les veines de l'homme ce fluide qui est le sang, notre seule richesse, ait condamné l'homme à le répandre chaque fois qu'il veut faire un pas dans le monde moral aussi bien que dans le monde matériel?

Si tout cela est vrai, le soldat est un prêtre, un sacrificateur, un martyr. Il est l'instrument avec lequel labourent les sociétés. Ainsi j'ai compris le soldat après avoir étudié l'histoire des peuples (1).

----

(1) Il n'est pas une seule nation ancienne ou moderne qui n'ait cimenté par le sang les bases de son édifice social. Les États-Unis eux-mêmes ont eu leurs batailles avant d'avoir leur liberté.

Nous avons parlé de la civilisation grecque créée par les armées et par les sages : nous devons ajouter que cette civilisation vint s'anéantir sous l'impuissante phraséologie des rhéteurs. La philosophie de Platon et la mâle justice des camps furent remplacées par la doctrine dubitative de Pyrrhon et par la facile morale d'Épicure. Ainsi, lorsqu'Alexandre a mêlé par la guerre les connaissances de l'Orient à celles de sa patrie ; lorsque Darius a introduit à force de combats les idées philosophiques de la Grèce jusque dans la théologie judaïque ; enfin, lorsque les hommes forts ont préparé par le glaive la civilisation, les pyrrhoniens viennent mettre en honneur le culte du doute, enlever aux masses leur foi et leur espérance, tandis que les épicuriens se rient de la gloire antique et des vertus guerrières. Toute l'histoire est là, la moderne aussi bien que l'ancienne. D'une part l'homme d'action crée, de l'autre l'homme de parole détruit.

Si nous étudions l'époque comprise entre la dissolution de l'empire romain jusqu'au rétablissement de l'empire d'Occident par Charlemagne, ce sont partout des luttes à main armée. La religion chrétienne se propage par les soldats expéditionnaires, qui adoptent avec enthousiasme une croyance d'égalité et l'espoir d'un meilleur avenir.

L'Orient subit à son tour une grande révolution. Mahomet, le cimeterre au poing, fonde un nouvel empire. Soldat et pontife en même temps, il montre aux Arabes le chemin de la conquête terrestre, et leur indique des yeux le paradis plein de volupté où les houris caressent les braves.

Après avoir parcouru la Perse, la Palestine et l'Asie-Mineure, Mahomet passe en Afrique. Tout plie sous le joug. Le soleil d'Espagne brille bientôt sur les minarets, et le croissant marche à pas gigantesques vers le nord de l'Europe. Mais la civilisation chrétienne triomphe par Charles-Martel de la civilisation des Maures. Le drame de Poitiers n'est pas une bataille d'hommes, mais un arrêt de Dieu.

Depuis le rétablissement de l'empire d'Orient, par Charlemagne, jusqu'à la fin des croisades, le guerrier travaille encore en faveur de la civilisation.

Ces combats sans fin ramènent en Occident les lettres, les sciences et les arts. Un école de législation est établie à Bologne, et les lois romaines remises en vigueur adoucissent le sort des peuples vaincus.

Les croisades surtout développent tous les germes de progrès. Les connaissances géographiques et nautiques se perfectionnent. Le commerce, dont nous examinerons l'origine, s'étend au midi par les relations fréquentes des soldats expéditionnaires avec l'empire grec et les îles de l'Asie-Mineure, et au nord par les villes anséatiques. La science historique est en quelque sorte créée de nouveau pour perpétuer le souvenir des croisades. Un moine de l'abbaye de Westminster écrit les annales de l'Angleterre; l'évêque Otton fait l'histoire des empereurs d'Allemagne; Ville-Hardouin et Joinville tracent la chronique des croisades, dont ils ont été de preux chevaliers. La poésie romane murmure des chants de guerre qui consolent les soldats absents, et leur rappellent la patrie.

Tels sont les services que la guerre rend à l'humanité depuis le commencement du ixe siècle jusqu'à la fin du xiiie.

Si maintenant nous jetons un coup d'œil sur les deux siècles suivants , si nous interrogeons l'époque de la renaissance complète des sciences et des arts sous Louis XII et sous François Ier, nous voyons encore l'épée jouer un beau rôle.

Il est à remarquer qu'à cette époque le tiers-état et le peuple prennent place dans le corps social, comme ils avaient jusque là pris place dans l'armée. Il est hors de doute que les Suisses qui se soulevèrent contre Albert d'Autriche , les Écossais qui se révoltèrent contre les Anglais, les Flamands qui répondirent à la voix d'Artevelle, et tous les peuples qui demandèrent la liberté les armes à la main, avaient appris dans les camps le secret de leur force.

L'esprit humain, que l'on voit progresser rapidement depuis le xvie jusqu'au xixe siècle, trouve dans les corps armés un puissant auxiliaire.

A l'époque où la presse ne portait pas au Nord les paroles du Midi ; où le Midi n'apprenait pas heure par heure, au moyen de l'imprimerie, les vœux et les besoins du Nord ; à l'époque enfin où les distances étaient un obstacle à l'expression de la pensée, les peuples auraient été étrangers les uns aux autres sans le secours des armées. Le soldat était alors ce que sont aujourd'hui le livre, la tribune, le journal. Il servait d'intermédiaire, et mettait en contact les nations que la nature physique éloignait les unes des autres. Par le soldat, le marchand connaissait le meilleur débouché de son commerce ; par le soldat, le géographe dressait la carte du monde ; par le soldat, voyageur infatigable, les idiomes se mariaient, et les récits prenaient une teinte poétique ; par le soldat en-

Lorsque l'horizon sera pur, le vieil Empereur, du faîte de sa *Colonne Napoléone*, apercevra les flottes de l'Angleterre et les armées de France ne formant qu'un peuple de braves ; il verra son compagnon d'Austerlitz marcher triomphalement au milieu des nations de l'Europe ; et peut-être, à l'aspect de ce monde laborieux et sage qui n'a plus de haines politiques, et veut la liberté légale et la grandeur, Napoléon saura-t-il que l'œuvre de la civilisation est en marche.

Alors son ombre sera consolée.

NOTE EXPLICATIVE DU DESSIN.

Le dessin qui accompagne le chapitre de l'ouvrage de M. le capitaine Ambert vient d'être exécuté exprès pour le *Spectateur militaire*, et par les soins de l'éditeur.

La *Colonne Napoléone*, que contient cette livraison, a été gravée d'après un modèle confié par M. le maréchal duc de Dalmatie au capitaine Joachim Ambert. Le chapitre V de l'ouvrage dont nous donnons l'*introduction* renferme l'historique complet de cette colonne.

Le bas-relief est dessiné sur une plus grande échelle, afin que le lecteur en puisse saisir les admirables détails. Les deux grandes figures du tableau sont celles de Napoléon et de Soult. L'Empereur reçoit l'hommage que lui fait de cette colonne militaire le maréchal qui en est le fondateur. Son illustre bâton dans la main gauche, le jeune guerrier présente, de la main droite, ce monument qui est son œuvre.

Le livre du capitaine Ambert renferme sur le bronze du bas-relief quelques détails assez curieux.

On sait qu'un jour, devant toute l'armée, le maréchal Soult avait dit à l'Empereur : « Sire prêtez-moi du bronze, je vous le rendrai. » L'Europe n'ignore pas comment la promesse fut tenue. Depuis Austerlitz jusqu'à Toulouse, Soult rendit le bronze que la France lui avait prêté.

Le livre redira ces choses : la page que nous écrivons a pour but seulement de mettre en lumière quelques faits ignorés.

Suivant le projet primitif, la statue de Napoléon devait être placée sur le monument. Jamais ce projet ne fut exécuté. Le sommet de l'édifice ayant été construit sous la restauration, la colonne fut surmontée d'un globe fleurdelisé ayant en cimier une couronne royale. Après la révolution de juillet, la couronne et les fleurs-de-lis disparurent, et le globe resta seul avec l'étoile, symbole improvisé de l'armée.

Sous l'empire, le monument s'appelait *Colonne Napoléone* ; sous la restauration, *Colonne des Bourbons* ; actuellement, *Colonne de la Grande Armée*.

Il serait mieux de lui rendre son nom et de ne pas renier un grand fait historique.

La restauration avait remplacé le bas-relief dont nous donnons une copie, par un autre qui représentait une ambassade de Français présentant sur un plat d'argent les clefs du pays aux Bourbons.

Le 19 janvier 1822, M. le maréchal Soult reçut la lettre suivante :

CONSERVATION
des
MONUMENTS PUBLICS.

Lettre de M. Ch.-J. Lafolie, conservateur des monuments, à S. E. M. le maréchal duc de Dalmatie.

«Monsieur le Maréchal,

» A l'époque où les bronzes de la colonne de Boulogne furent mis à ma disposition pour être brisés et employés à la fonte de la statue équestre de Henri IV, une effigie de Votre Excellence, provenant, je crois, des bas-reliefs, fut réservée et mise à part comme pouvant intéresser votre famille. Elle est depuis restée déposée dans la fonderie, rue du faubourg du Roule.

» S. Ex. le ministre de l'intérieur m'ayant autorisé à livrer les bronzes restant pour la fonte de la statue équestre de Louis XIV, que l'on exécute pour la place des Victoires, j'ai l'honneur de vous prévenir que la figure provenant de la colonne de Boulogne, et qui a été conservée, pourrait vous être remise contre la valeur du bronze, qui est à peu près de 300 fr., si toutefois elle vous offrait quelque intérêt comme monument historique.

» Vous pourrez, si vous le jugez à propos, la faire examiner et vous en faire rendre compte. J'écris au gardien des ateliers pour l'autoriser à la faire voir à la personne qui se présenterait de votre part.

» J'attendrai que vous vouliez bien ensuite me faire connaître la détermination que vous aurez prise, avant d'autoriser le fondeur à disposer de cet objet comme matière.

» Je saisis avec empressement cette occasion, monsieur le maréchal, pour vous offrir l'hommage de la haute considération avec laquelle je suis, etc.

　　　　　　　　　　　　　　» Le conservateur des monuments,
　　　　　　　　　　　　　　» Signé : Ch.-J. Lafolie. »

Le 24 janvier, le maréchal Soult répondit qu'il acceptait la proposition, et reçut le 25 cette nouvelle lettre de M. Lafolie, *conservateur des monuments.*

CONSERVATION
des
MONUMENTS PUBLICS.

Lettre de M. Ch.-J. Lafolie, conservateur des monuments, à S. E. M. le maréchal duc de Dalmatie.

«Monsieur le Maréchal,

» D'après la lettre que vous m'avez fait l'honneur de m'écrire le 24 de ce mois, j'ai donné ordre que l'effigie en bronze de Votre Excellence, qui existait dans la fonderie du Roule, fût transportée dans votre hôtel.

» Le poids de ce buste est de 126 kilogrammes, lesquels, calculés à raison de 224 fr. 94 c. les 100 kilogr., taux auquel a été acheté le bronze de cette qualité, présentent une valeur numéraire de 283 fr. 45 c., dont Votre Excellence voudra bien faire verser le montant dans mes bureaux, et dont il lui sera délivré récépissé.

» J'ai l'honneur de vous offrir, M. le maréchal, l'hommage de haute considération avec laquelle je suis, etc.

» Signé : Ch.-J. LAFOLIE,
» *Conservateur des monuments.* »

Le duc de Dalmatie écrivit le 26 janvier à M. le *conservateur des monuments* :

« Je viens de recevoir l'effigie en bronze, provenant d'un des bas-reliefs de la colonne de Boulogne, que vous m'avez fait remettre, et je m'empresse de vous faire compter 283 fr. 45 c. pour le montant du bronze, suivant la fixation que vous avez bien voulu m'indiquer.

» Ce sera la troisième fois que j'aurai payé le même bronze : la première fut de ma personne, quand nous le prîmes sur les ennemis ; la deuxième lors de la souscription pour fournir aux frais quelconques du monument de Boulogne, et la troisième fois entre vos mains. Je ne suis pas moins reconnaissant, monsieur, qu'à ce prix, vous ayez eu la complaisance de faire mettre à ma disposition ce qui restait de mon effigie.

» J'ai l'honneur, etc. »

Cette effigie est celle que représente la gravure jointe à cette livraison. Ce magnifique bronze est aujourd'hui dans la bibliothèque de M. le maréchal Soult. Toute la partie inférieure du corps, ainsi que le reste du tableau, a servi pour Henri IV et pour Louis XIV.

Les canons d'Austerlitz, transformés en statue de Louis-le-Grand, sembleraient une sorte de plaisanterie ; mais la correspondance inédite de M. le *conservateur des monuments*, et les communications verbales de M. le duc de Dalmatie au capitaine Ambert, ne laissent aucun doute sur l'authenticité de ce récit.

Nous avons fait graver ce bronze mutilé, qui résume merveilleusement bien l'histoire des hommes et des choses.

www.ingramcontent.com/pod-product-compliance
Lightning Source LLC
Chambersburg PA
CBHW060839180626
46818CB00004B/1508